Janosch

Wörterbuch der Lebenskunst

Janosch

Wörterbuch der Lebenskunst

Mit einem Nachwort von
Wilhelm Schmid

Reclam

MIX
Papier aus verantwortungsvollen Quellen
FSC® C019821

RECLAMS UNIVERSAL-BIBLIOTHEK Nr. 14321
2022 Philipp Reclam jun. Verlag GmbH,
Siemensstraße 32, 71254 Ditzingen

Text: Janosch

Umschlagillustration: Janosch
Druck und Bindung: Druckerei C.H. Beck,
Bergerstraße 3–5, 86720 Nördlingen
Printed in Germany 2023

ISBN 978-3-15-014321-6
www.reclam.de

Inhalt

Jeden Tag die Last des Lebens sieben Mal sieben Male hochstemmen – rauf und runter, rauf und runter. Und schon nach ein paar Jahrzehnten wird sie federleicht.

*

»Lachen Sie viel?«
»Ja, immer wenn der Schmerz kommt.«

Zur Einführung

Das Leben ist so: Du wirst hineingeworfen wie in ein kaltes Wasser, ungefragt, ob du willst oder nicht. Du kommst lebend nicht mehr heraus. Darüber kannst du:

a unglücklich sein und ersaufen;
b) dich lustlos und frierend so lange über Wasser halten, bis es vorbei ist;
c) einen Sinn suchen und einfordern und dich grämen, weil er sich nicht zeigt;

oder du kannst:

d) dich darin voller Freude tummeln wie ein Fisch und sagen: »Ich wollte sowieso ins Wasser, kaltes Wasser ist meine Leidenschaft. Was für ein verdammt schönes Vergnügen, Leute!«

Und das wäre die Kunst, um die es hier geht.

Aber ja – aber nein!

Länger als diese Wortschöpfung sollte die Rede des Lebenskünstlers nie sein. Fragt man ihn in einer Unterhaltung nach seiner Meinung, sollte er sie einfließen lassen: »Aber ja doch! Aber nein!!« – Dadurch hält er die Reden seiner Gesprächspartner in Fluss und wird, weil er weiter nicht durch eigene Reden stört, hoch geschätzt. Währenddessen sollte er langsam und stetig weiter essen, sonst werden die Nudeln kalt.

Aber wozu denn das?

Philosophische Grundsatzfrage, welche sich der Lebenskünstler stellen sollte, bevor er etwas beginnt, was ihm Arbeit verursacht, oder bevor er sein Verhalten irgendwo irgendwie darauf auszurichten gedenkt, um jemandem zu gefallen. Oder gar, um geliebt zu werden.

Abhängigkeit

Ist einer der sichersten Wege in die Verelendung. Je größer die Abhängigkeit, umso größer die Entfernung zur Kunst des Lebens.

(Siehe auch unter *Unabhängigkeit.*)

Ach was!

Gutturaler Laut, den der Lebenskünstler von sich gibt, bevor er sich abwendet, wenn er eine Arbeit zu verrichten oder eine Tat zu vollbringen hätte.

Alsdann!

Eine Art Schlachtruf des willigen Menschen, der sich nach langer Prüfung entschließt, aus irgendeinem Grund irgendetwas dann doch beginnen zu wollen.

Man ruft mehr oder weniger laut dieses »Alsdann!« aus, stellt sich vor die anstehende Tat hin, wobei es gut aussieht, wenn man sich dabei leicht die Hände reibt.

Dann könnte man zur Tat schreiten.

Besser wäre es, diesen verpflichtenden Schlachtruf durch ein »Warum denn nicht?« zu ersetzen. Denn dann wäre Tat noch möglich, gibt es doch immer einen Grund, etwas *nicht* zu tun.

Alter (1)

An den Zähnen kann man das Alter eines Pferdes erkennen. Man greift ihm ins Maul und befühlt die Kaufläche. Abgekaut bedeutet alt. Beim Menschen hatten früher die jüngeren Menschen mehr Zahnschmelz auf der Kaufläche als die alten, jetzt kann man sich nicht mehr darauf verlassen, seit es die künstlichen Zähne von der Kasse gibt.

Alter (2)

Von außen gesehen fallen die Zähne und die Haare aus. Beim Fußballspielen knicken die Knie ein, beim Koitieren fällt die Pfeife aus dem Maul, und du kannst dich partout nicht mehr an die schönen Schweinereien in deiner Jugend erinnern. Doch von innen hast du dich noch nie so jung gefühlt.

Das ist der beginnende Alterswahnsinn. Durchlebe ihn mit Freude, dieses Jugendgefühl kommt so nie wieder, alter Junge.

Ameisen

Kleine Lebewesen, welche das Ökosystem der Erde zusammenhalten. Nähme man sie aus der Welt, wäre dies das Ende der Erde in dieser Form.

Im Gegensatz dazu: der Mensch. Größeres Lebewesen, welches das Ökosystem der Erde zerstört. Nähme man ihn aus der Welt, wäre dies die letzte und einzige Möglichkeit, die Erde in dieser Form noch zu erhalten.

Anarchie

Ist für den Fall, dass sie angeboren ist, unheilbar und sollte dem Staat erhalten bleiben. Sie ist von Grund auf gesund und berechtigt. Wird meist nicht öffentlich ausgeübt und dient dem betreffenden Individuum nur zur Bereicherung des Lebens.

Dagegen ist die öffentlich ausgeübte Anarchie fast immer reiner Vandalismus und ein Vorwand krimineller Elemente. Diese zerstören damit den heiligen Ruf des geborenen Anarchisten.

Andererseits

Dieses kleine Wort ist die eingebaute gedankliche Handbremse gegen die Lust, etwas zu tun, was andererseits genauso gut ungetan bleiben kann.

Anzug

Nadelstreifen, nichts geht über Nadelstreifen und eine schöne, goldene Uhrenkette dazu.

Arbeit

Ist nicht nur scheinbar eine Voraussetzung zum Überleben, sofern man keinen anderen Weg findet. Sie gehört zu den größeren Gemeinheiten der Schöpfung, die dem Menschen mit auf den Weg gegeben wurden. Einst zur Strafe über zwei Menschen verhängt, welche sich in einem sogenannten Paradies angeblich der Sünde hingaben, dann aber in Sippenhaft an uns vollzogen, die wir nicht einmal die Gelegenheit bekamen, das Paradies zu besichtigen, und schon gar nicht, dort die Strafe zu verdienen.

Dass Arbeit adelt, hat wahrscheinlich einer erfunden, der Arbeiter brauchte, ohne sie bezahlen zu wollen. Wen die Arbeit adelt, der soll sie auch machen.

Architekten

Im Regelfall Verbrecher gegen die Bewohnbarkeit von Gebäuden. Die Architekten haben in den letzten Jahrzehnten zehnmal mehr zerstört als jeder Krieg.

Ärger

Der glückliche Maulwurf ärgert sich über gar nichts: Sich nicht zu ärgern, gehört in den Bereich erhabener Weisheit und wird selbst vom Lebenskünstler selten erreicht. Es sei denn, er ist so geboren. Wer das erreicht hat, braucht dieses Buch nicht und kann es, falls er es teuer gekauft hat, billig weiterverkaufen. Ärgert er sich jedoch über den teuren Preis, dann braucht er es umso nötiger.

Armut

»Guck mal, wie malerisch!«

Auferstehung

Bloß das nicht!

Auto

Instrument der Nötigung und Abhängigkeit. Alles hängt von dem ab, der vor dir fährt, der in der Schlange der Langsamste ist.

Der Langsamste bestimmt das Tempo.

Gibt es weit und breit keinen Parkplatz, muss der Autofahrer so lange weiterfahren, bis er stirbt. Nicht zu reden von der Autoschlange.

Der Lebenskünstler meidet das Auto.

Autos

Würden die Leute nicht glauben, die Hälfte ihrer Autos bezahle das Finanzamt, wären die Straßen fast leer. Mit den Autos verdreifacht das Finanzamt seine Einnahmen.

Banker

Wer diese Spezies von Menschen meiden kann, sollte es tun. Der Banker würde seinem besten Freund und der eigenen Frau, Vater und Mutter den falschen Rat geben, wenn er eine Mark daran verdienen könnte und der andere dadurch ruiniert würde.

Frag ihn um Rat – und tu das Gegenteil!

Bär

Einmal sagte der beste Fechtmeister der Welt zum Bären: »Komm, wir kämpfen gegeneinander! Ich mit meinem Degen und du mit deiner Kraft. Ja?«

Der Bär war einverstanden.

Der Fechtmeister fuchtelte nach allen Regeln der Fechtkunst um den Bären herum, stieß mal hier und mal da scheinbar zu, um ihn zu verwirren, und der Bär regte sich kaum. Achtete nur auf den Degen. Nur dann, wenn der Fechtmeister wirklich zustieß, wehrte er den Stich mit einer kleinen Bewegung ab.

Das ging so, bis der Fechtmeister erschöpft war – dann packte ihn der Bär und hatte gewonnen.

Besitz (1)

Besitz zu besitzen erfordert erhebliche Lebenskunst. Nur das, was unbedingt sein muss, sollte der Mensch besitzen wollen, um es nicht von anderen annehmen zu müssen. Zu viel Besitz ist von Übel, macht die meisten Menschen eher unglücklich als glücklich.

Um der Kunst des Lebens zu frönen, darf man auf dieser Welt nichts zu verlieren haben. Doch gibt es genügend Wege, sich von Besitz zu befreien – siehe z. B. hier unter Banker.

Schon das Wort »Besitz« bereitet dem Weisen Unbehagen.

Es besagt, dass da »besessen« wird. Und wer von etwas besessen wird, kann nicht mehr fliegen. Oder auch: Was nützt dem Kasper Geld und Gut, wenn ihm etwas wehe tut!

Besitz (2)

Nicht einmal mein Leib gehört mir lange, und von der Seele weiß ich es nicht.

Beten

Ob ich zu Gott bete? Nein.

Ich tue, was ich tue oder nicht tue, das ist es dann.

Manchmal freilich beschimpfe ich Gott und würde auf ihn einschlagen, käme er zur Tür herein.

Beton

Ein Verbrechen der Wohnarchitektur (siehe auch unter *Architekten*). Manche Architekten gehören, so wie manche Musiker, hinter Gitter oder auf den Misthaufen geworfen.

Bildung

Mit guter Bildung bist du überall gern gesehen.

Wer mit Besteck essen kann, ist schon so gut wie gebildet, kann man sagen, er kann überall auf der Bildfläche auftauchen.

Blumen

Astern sind die dankbarsten Blumen.

Böses

Die gängige Auffassung bezüglich Gut und Böse muss auf eine höhere Ebene gehoben werden. Warum ist eine Mücke böser als eine Orchidee? Die Mücke hält sich nicht für böse, so wie der Mensch sich nicht für einen Schädling aller seiner Mitwesen hält.

Bratkartoffeln

Sind nicht die schlechteste Speise. Sie sind, wenn man sie nicht im Grand Hotel bestellt, sondern sie selbst bereitet, sehr wohl zu genießen und nicht überteuert. Dieselben gut zubereiten zu können, ist eine Voraussetzung für die Kunst des Lebens. (Siehe auch unter *Unabhängigkeit.*)

Brauchen

Was brauchen wir?

»Wer nichts braucht, hat alles.«

Auch das gehört bereits in den Umkreis allerhöchster Weisheit und wurde von einem Griechen erfunden. Was ich ihm sehr neide.

Hier bitte eine Pause einlegen und darüber grübeln, und wenn's eine Woche dauert. Führt die Kopfarbeit zu keinem Ergebnis, haben Sie, lieber Lernschüler, noch einen weiten, weiten Weg vor sich. Begreifen Sie es aber und können Sie damit leben, dann sei mir gepriesen, Bruder und Glücklicher, denn von nun an wird dir nichts Unerfreuliches mehr im Leben begegnen. Du hast die Glückseligkeit der Götter begriffen und erreicht.

Wer nichts braucht, hat mit allem, was er bekommt, den Überfluss, selbst wenn es nichts ist.

Brillenträger

Die Brillenträger lassen sich von den Optikern beraten und haben – wie man sehen kann – immer die schlimmste aller Möglichkeiten erwischt. Entweder die Optiker sind blind oder haben den schlechtestmöglichen Geschmack, oder sie sind boshaft. Vielleicht ist es aber auch nur so, dass sie ihre Ladenhüter zuerst verkaufen wollen. Um dann wieder neue Ladenhüter in ihr Sortiment aufzunehmen. Auch wenn sich einer seine Brille selbst aussucht, greift er mit Sicherheit voll daneben. Hier scheint ein Naturgesetz zu walten.

Champagner

Wird meist nur getrunken, wenn er von der Steuer abgesetzt werden kann. Vom Geschmack her nicht der Rede wert. Eine entsprechend aufbereitete Limonade würde nicht einmal ein polnischer Baron von diesem unterscheiden können. Kurzum – modisches Gesöff.

Chancengleichheit

Wäre bei Gottvater einzuklagen – er verteilt.

Charakter (in der Politik)

Mit einem sauberen Charakter hat sich noch keiner in der Politik lange halten können. Mittelsauber oder ein Anständiger als Schutzschild und Alibi für andere – das kam schon vor.

Dame (die)

Erkennt man daran, dass sie Schlüpfer trägt. (Siehe auch unter *Herr.*)

Deserteur

Der Soldat darf in keinem Fall der Regierung oder der Heerführung überlassen, wen oder wie viele er zu töten hat. Bis jetzt hat noch jeder politische Umsturz gezeigt, dass der Staat bzw. das Heer zuvor von Verbrechern und Geisteskranken regiert wurde. Der Soldat hat daher aus Gewissensgründen zu desertieren. Außer, er kann sich auf sein Gewissen verlassen und dieses zwingt ihn zu handeln.

Dichter (1)

Die meisten Dichter müssen verhungern. Weil Dichtung braucht keiner. Bei Dichtungen ist das anders, Dichtungen müssen schon mal erneuert werden, wogegen gute Dichtung ewig hält.

Dichter (2)

Sind meist gebrechliche und blasse Kerlchen. Zwar lieben sie oft auch die Natur, jedoch erkälten sie sich in ihr. Vor Gesundheit strotzen und dann dichten, das geht wohl nicht. Wenn einer gesund geboren und trotzdem Dichter wurde, dann deswegen, weil er sich zum Kettenraucher machte.

Dichterinnen

Das Wort steht in keinem gewöhnlichen Lexikon.

Diskussion

Hier kommt es darauf an, dass jeder Teilnehmer eine andere Meinung hat als die übrigen, sonst kommt keiner zu solchen. Am Ende nimmt jeder seine eigene Meinung wieder verstärkt mit nach Hause. Das ist das Wesen der Diskussion und macht sie so beliebt.

Du

Gegner.

Dummheit (1)

Unterscheidet den Menschen von anderen Lebewesen. Oder habt ihr schon mal einen dummen Kojoten gesehen?

Die Dummheit ist also nur beim Menschen möglich. Bei anderen Lebewesen wäre sie lebensbedrohlich. Im Menschen ist sie größte Macht der Welt.

Dummheit (2)

Ist für manche eine milde Gabe der Götter. Denn würden sie begreifen, was da ringsum geschieht, sie müssten sich erschießen.

Dummheit (3)

Man kann sich aber auch nicht darauf verlassen, dass alle dumm sind. Einzelne Menschen bringen es zu beachtlichen Leistungen, vor allem, wenn es um die Verursachung von Unheil geht.

Ehe (1)

Kaum einer hat es je bereut, sie vermieden zu haben.

Ehe (2)

Der Unterschied zwischen einer guten und einer schlechten Ehe besteht in ein paar Sätzen, die zu viel oder zu wenig gesagt werden.

Ehe (3)

Die Wahrheit über die Ehe erfährst du nur durch die Anschauung aus nächster Nähe: zu Hause bei den Eltern. Oder zu spät: drei Jahre nach der Hochzeit.

Eigentum

Das Trachten nach demselben verursacht in jeder Phase des Trachtens (danach) und Besitzens (desselben) Unbehagen. Bevor man es hat, Unbehagen, weil man es nicht hat. Wenn man es hat, Unbehagen, weil man (noch) zu wenig hat.

Oder zu viel – und nunmehr zu viel Steuern zahlen muss dafür, dass man es hat.

Das einzige wirkliche Eigentum ist das, was zum Leib (noch besser: zur Seele) gehört. Das Wort »Eigentum« ist dem Meister der Lebenskunst unbekannt. Was nicht besagt, dass er unbegütert dahinvegetiert; er weiß nur um den (Un-)Wert des Eigentums und lässt es zu jedem Zeitpunkt sausen, ohne ihm auch nur nachzuschauen.

Eindruck

Der erste Eindruck, den du von jemandem hast, ist der richtige und bleibt – wetten?

Einsamkeit

Es ist besser, wenn zwei zusammen einsam sind.
Jeder heimlich für sich.

Einsamkeit (freiwillige)

Nichts ist schöner und freundlicher.

Eleganz

Die wahre Eleganz ist ganz schlicht gearbeitet und bis oben geschlossen. Unten Hohlsaum oder glockig.

Eltern (1)

Manchen Kindern gelingt es, ihnen noch rechtzeitig zu entfliehen. Ungeschädigt kommen nur wenige davon.

Eltern (2)

Fast alle Menschen wollen nie so werden wie ihre Eltern. Und dann werden sie genau so.

Emanzipation

Die Männer bereiten sie (die ihre) seit längerem vor. Sie haben keine Aussicht auf Erfolg.

Enttäuschung

Eine Täuschung wurde aufgehoben. Besseres kann einem nicht passieren.

Erbsünde

Einer der gemeinsten Witze der letzten 1700 Jahre für jene, die daran glauben.

Erfahrung

Wenn man möchte, dass der Mann schon ein wenig Ahnung in die Ehe mitbringt, sollte er am besten sieben Jahre älter sein. Oder die Frau zwanzig, dreißig Jahre älter. Das ginge auch.

Erkenntnis (des Lebens)

Du kannst das Leben nur so lange ertragen, wie du es nicht begreifst. Lass es dabei.

Erleuchtung

Plötzliches Begreifen, dass sie gar nicht nötig ist.

Erlösung (biblische)

Fand nie statt. Nicht zu verwechseln mit: Endlösung.

Erziehung (1)

Siehe unter *Furcht*.

Erziehung (2)

Erzwungene Einweisung des zu Erziehenden in die falsche, aber vom Erzieher gewollte Richtung. Ein gesundes und starkes Naturell geht unaufhaltsam in die entgegengesetzte Richtung.

Die ist dann auch falsch.

Sollte der Erziehende den zu Erziehenden gütig und klug einmal in die richtige Richtung zu lenken versuchen, erreicht er damit, dass der zu Erziehende mit Sicherheit die entgegengesetzte Richtung einschlagen wird. Diese ist dann folgerichtig auch wieder falsch.

Erziehungsbefähigte

Im deutschen Sprachgebrauch nicht bekannt. Stattdessen:

Erziehungsberechtigte

Auch amtliche Bezeichnung für Vater und Mutter. Ansonsten für Ersatzpersonen.

Essen

Das Essen gilt mehr der Seele als dem Leib. Es gibt wenig auf der Welt, das so schmeckt wie ein Stück Krajanka mit frischem Brot und einem Budweiser. Das ist die ewige Seligkeit. Brot, eine Wurst, ein gutes Bier: Mehr muss das Leben nicht hergeben.

Evolution

Für den Menschen eine Geschichte des Rückschritts. Der Mensch könnte die Krone der Schöpfung sein. Aber irgendwann, durch irgendein Ereignis, passierte etwas, was ihn zum ärmsten Schwein auf dieser Welt gemacht hat. Zur armseligsten Kreatur, nicht mehr fähig, mit seinem Leben fertig zu werden. Die spezifische Eigenschaft des Menschen, die ihn vom Tier unterscheidet, ist, dass er dumm ist wie Kuhmist und unfähig, glücklich zu leben. Und je lauter er von seiner

Größe redet, umso tiefer versinkt er in diese Armseligkeit.

Ewigkeit

Wird von ein paar Seelenzerstörern und Machtbesessenen als die »Zeit nach dem Tod« ausgegeben und gegen bedingungslosen Gehorsam und Geld verkauft. In Wahrheit ist die Ewigkeit die grenzenlose Sekunde, die am Daumen des glücklichen Maulwurfs beginnt, einmal alle Räume und Zeiten durchwandert und am Daumen des Maulwurfs wieder ankommt. Sie findet jetzt statt und ist die Grenzenlosigkeit. Sonst nichts. Man kann sie nie durch Gehorsam oder Ähnliches erkaufen – man bekommt sie geschenkt.

Familie (1)

Die Familie ist eine Brutstätte des Unheils; eine Art Vorhölle.

Familie (2)

Wird gegründet von zwei scheinbar mündigen Leuten unter der falschen Einschätzung einer Situation. Oder um eine scheinbare Steuerermäßigung zu ergattern, auch, um Kinder zu besitzen und an ihnen Freude zu haben oder dadurch die Steuer noch weiter herabzusetzen. Die Familie besteht bis etwa nach der Geburt des zweiten Kindes, dann wollen Vater und/oder Mutter sich selbst finden, selbst verwirklichen oder selbst suchen gehen. Die Kinder bleiben übrig.

Familiengemeinschaft

Da muss die Frau den Mann ertragen, der Mann muss die Frau ertragen. Die Kinder müssen die Eltern ertragen, die Eltern die Kinder.

Und doch streben sie alle danach, weil sie sich allein auch nicht ertragen können.

Feinde

Leben sehr häufig in ehelichem oder ähnlichem Zustand in einem Haushalt zusammen.

Frauen

Geh mir doch weg mit den Frauen!
(siehe auch: *Männer*.)

Freier Wille

Vermutlich Einbildung, um nicht zu verzweifeln.

Freiheit (größtmögliche)

Wäre das höchste Gut, das der Mensch erreichen kann. Nur kann er meist nichts damit anfangen. Er liebt die Knechtschaft, den Frondienst. Die feste Anstellung mit Altersrente.

(Siehe auch unter *Bratkartoffeln* und *Unabhängigkeit*.)

Freunde

Mit einem Hund als Freund bist du gut dran.

Freundinnen

Die größte Feindin einer Frau ist ihre Freundin. Will man über eine Frau etwas (Schlechtes) erfahren, befragt man am besten ihre Freundin.

Furcht

Grundlage der Erziehung. Auch Ursache der Anbetung höherer Wesen.

Füße (kalte)

Kleines Übel, hindert jedoch an erfreulichen Gedanken.

Geburt (1)

Ist für den zu Gebärenden das totale Risiko. Von 1000 Geborenen kommt nur einer halbwegs erträglich durch das Leben. Die anderen werden Rheuma und Gicht haben. Sie werden die falsche Frau und den falschen Mann bekommen. Keine Wohnung, aber viele Schmerzen haben. Man wird sie in den Krieg hetzen oder sonst wie erschießen und foltern.

Für die Eltern ist das Risiko dagegen kaum der Rede wert.

Geburt (2)

Sie sagen, sie schenken dir das Leben. Sie müssten sagen, sie schenken dir den Tod. Denn es war nicht sicher, dass du lebst. Sicher ist, dass du sterben musst.

Gehen

Komm, wir gehen!

Geld

Am Anfang ist man damit beschäftigt, es zu erwerben. Dann, es vorzuführen, dann, es zu verbergen und außer Landes zu bringen. Dabei gibt es nichts Dümmeres als einen toten Millionär.

Generäle

Am besten wäre, es gäbe nur ihre Witwen.

Generationen

Die Alten und die Jungen verbindet nichts. Nur das eine: Beide denken: »Im Alter des anderen möchte ich nicht sein.«

Gerechtigkeit

Gibt es nicht. Bei Gott nicht, in der Justiz nicht, im Leben nicht. Sie ist eine Art Leertaste auf der Klaviatur des Weltcomputers. Der Meister rechnet nicht mit ihr und stellt sich darauf ein, dass es sie nicht gibt.

Geruch

Jede Familie hat ihren eigenen Geruch. So wie ein Volk sein eigenes Nationallied hat. Sonst würden die Hunde nicht mehr nach Hause finden.

Geschäfte

Mit kleinen Beträgen macht man die größten Geschäfte. Ob einer großes Geld ausgibt, überlegt er sich hundertmal. Ob er kleines Geld ausgibt, darüber macht er sich keine Gedanken.

Geschäftsessen

Welch eine Unkultur! Jemanden zum Essen bitten, um ihn dann mit Gequassel beim Essen zu stören. Es gibt nichts Elenderes, als mit Leuten speisen zu müssen, die beim Essen reden.

Glauben

Früher haben wir alles geglaubt.

Glück

Wird jetzt bald für den, der darunter ein Gefühl im Kopf oder irgendwo in sich versteht, operativ für längere Zeit oder für immer eingebaut werden können.

Wer darunter eine Zuwendung von außen versteht, bleibt weiterhin auf diese angewiesen.

(Siehe auch unter *Abhängigkeit.*)

Der Meister sucht das Glück nicht einmal. Ihm genügt der Zustand der Seele, so wie er ist. Und die Endlosigkeit.

Gott (1)

Ist überall, auch dort, wo keiner vorbeikommt. Leonardo da Vinci sagte, Gott sei wahrscheinlich etwas Ähnliches wie eine Schwerkraft. Und plötzlich wird er begreiflicher: Allgegenwärtig, denn ist die Schwerkraft

z. B. nicht überall? Und wer gegen sie handelt und vom Dach springt – Sense. Und wer sich auf sie einlässt, kann sogar fliegen. Und sie weiß alles, weil alles von ihr abhängt. Sie kennt mich nicht, aber ich kann nichts ohne sie tun. Sogar der Spatz fällt vom Dach, weil sie da ist.
– Was für ein genialer Geist war Leonardo!!

Gott (2)

Na gut, es gibt ihn. Und was haben wir davon? Sie sagen: Wen er liebt, den lässt er leiden. Wären wir da andersherum nicht besser dran?

Kein Spatz fällt vom Dach, ohne dass er es will. Und kein Serbe und kein Kroate und kein Schwarzer und kein Jude …

Gott (3)

Könnte es denn sein, dass Gott und der Teufel eins sind? Vorder- und Rückseite einer Medaille?

Gott (4)

Sie sind es selber und sehen es nicht!

Gott (5)

Ein kleiner Junge, befragt, wie er Gott beschreiben würde: »Ein Gespenst, das uns ängstigt.«

Götterspeise (1)

Eine Art Pudding.

Götterspeise (2)

Könnte es sein, dass der Mensch eine Speise der Götter ist? Die Welt eine kosmische Farm, der Mensch eine Art Brathühnchen. Kommt seine Zeit, holen die Götter sich die Seelen, bereiten sie auf ihre Weise, rupfen, brühen und grillen sie kosmisch und verspeisen sie auf ihre uns unbekannte Art?

Die Hühner in der Hühnerfarm betrachten den Menschen vermutlich auch als Wohltäter, denn er füttert sie wenigstens notdürftig, Vielleicht halten sie ihn für ihren Gott – wissen wir das denn? Und schmecken den Göttern vielleicht am besten die Gequälten, sagen die Propheten doch: Gott liebt die am meisten, die er leiden lässt.

Der Wurm frisst das Blatt, das Huhn frisst den Wurm, der Mensch frisst das Huhn, der/die Unsichtbare(n) fressen den Menschen – was wäre daran so verwunderlich?

Und sagen sie doch: Wie oben so unten.

Mit einem Mal wird alles viel leichter begreiflich. Den Weisen grämt das nicht, er isst, was er hat.

Größe

Das Kleine ist das Große, und das Große ist das Kleine. (Laotse)

Große Menschen

Die wahrhaft großen Menschen geben sich selten zu erkennen. Die sich als vorgebliche »Große« ausgeben, sind oft erbärmliche Würmer. Lasst euch nicht blenden, Leute.

Gut

Keiner kann sofort sagen, was gut oder schlecht ist. Am besten, man wartet ab, wie es ausgeht.

Habgier

Was für eine armselige Eigenschaft! Dabei kann dir nie etwas gehören, was außerhalb deines Kopfes ist. Jedenfalls nicht lange. Klammerst du dich nicht daran, mag es gehen. Doch die Habgierigen klammern sich an alles Gut. Du solltest auf dieser Welt nichts zu verlieren haben, nicht einmal das Leben.

Handel

Wenn einer keine Lust hat zu arbeiten, packt er sich ein paar Sachen in einen Koffer und zieht damit von Haustür zu Haustür. Garn, Nähseide, Strumpfhosen und Knöpfe. Wenn er geschickt ist, bringt er es so zum Millionär.

Hass

Der Meister sollte den Hass meiden. Der Hass schadet nur dem, der hasst. Nicht dem Gehassten. Hass erzeugt Galle, Galle geht ins Blut (leider ins eigene), macht gelb und krank, und wenn er einen Koch oder eine Köchin befällt, vergiften sie auch noch das Essen.

Haushaltsgeräte

Werden in der Regel von Männern entworfen, die nicht einmal wissen, wo sich der Haushalt befindet. Schon gar nicht, wie man ein solches abwäscht.

Herr (der)

Ist in der Regel ein gut gekleidetes Ferkel.

Herz

Austauschorgan.

Beim Salat schmeckt am besten das Herz und bei der Ente der Arsch.

Himmel (1)

Wegweiser: Zur Hölle geht's nach außen, der Himmel befindet sich innen drin.

Himmel (2)

Einerseits ist gemeint, was man oben sieht. Andererseits soll es ein Ort irgendwo nach dem Tod sein. Scher dich nicht drum. Es handelt sich um einen Zustand.

Hoffnung

Ist ein Eingeständnis, dass der augenblickliche Zustand nicht gut ist – es wird auf Besserung »gehofft«. Ein Fehler in der Lebenskunst. Der augenblickliche Zustand sollte zum bestmöglichen ernannt werden. (Siehe auch unter *Tag*.)

Hölle

Die Hölle ist gar nicht so weit weg, wie sie sagen. Sie fängt schon in der Wiege an. Du brauchst nicht einmal aus der Stube zu gehen. Und verdienen muss sie sich auch keiner, man bekommt sie schon mit der Geburt geschenkt.

Hund und Dame

Ein Hund darf bei einer DAME alles: ihr ins Bett scheißen, auf das Kissen kotzen, sie und jedweden ablecken – und unsereiner muss sich sogar die Schuhe säubern, bevor er in ihr Schlafzimmer darf. Ist doch nicht in Ordnung, oder was?

Ich

Unbekannte, die es zu suchen gilt.
(Siehe auch *Selbstfindung*.)

Illusionen

Sind das Brot der Seele und wertvoller als das Brot des Bäckers. Auch wenn sie sich nicht erfüllen, so halten sie dich doch so lange über Wasser, bis sie sich nicht erfüllen. Dann kommen neue. Manche erfüllen sich ja.
(Siehe auch unter *Glauben*.)

Intellektuelle

Nur wenige von ihnen sind in der Lage, eine Aussage in einen verständlichen Satz zu fassen.

Und sofern es überhaupt verständlich ist, was sie sagen, erweist es sich später fast immer als falsch. Sie können doch nicht einmal Bratkartoffeln bereiten. (Siehe auch unter *Bratkartoffeln*.)

Intelligenz

Ist aufzuteilen in die eine und in die andere. Die eine weiß alles, aber kann nichts. Die andere kann alles und hat lange gebraucht, um nichts zu wissen. Diese ist der Ersteren vorzuziehen, denn jene scheitert am Alltag, kann keine Erbsensuppe kochen und keine Glühbirne eindrehen, kann dafür aber den Lauf der Sterne berechnen. Doch für was braucht man das?

IQ (Intelligenzquotient)

Sollte gemessen werden an der Kasse im Supermarkt. Wann und wie umständlich die Kunden ihr Geld suchen und wie lange sie fürs Bezahlen brauchen.

Irrtum

Man kann aus sicherer Erfahrung annehmen, dass die Wahrheit, würde man sie entdecken, sich spätestens nach zwei Jahren als fataler Irrtum erweist.

Jesus

Rebell und Agnostiker. Lebte um die Zeitenwende in der Gegend von Jerusalem. Er verkündete die Freude am Leben (»Ich bringe euch das Leben ...«) und hätte die Welt beinahe erlöst (von der Dummheit). Vor seiner Hinrichtung verabschiedete er sich von seinen Freunden mit einem Festmahl, in welchem er den Wein sein »Blut« nannte. Spuren seiner Lehre, glücklich zu leben, sind noch auffindbar. Z. B.: »Eure Rede sei ja ja und nein nein, was mehr ist, ist von Übel.« Oder: »Wer andere ärgert (›Ärgernis gibt‹), dem sollte man einen Mühlstein um den Hals hängen und ihn in den Tiefen des Meeres versenken.« Merkt euch das mal!

Justitia

Ist nicht blind, sie ist nur durch und durch verschweint.

Justiz

Mütterliche Schutzgemeinschaft (Hort) für Nadelstreifenverbrecher und Großkriminelle. Ehrenhafte Taschendiebe und Landstreicher enden dagegen am Galgen, dort, wo es ihn gibt.

Kaffee

Kaffee mindert das Wohlbefinden. Erhöht es erst, dann senkt er es stark ab. Solches zu erkennen, gehört schon zu der Kunst des Lebens.

Karma

Dir geschieht, was du bist.

Katechismus

2484 Einweisungen in die rettungslose Verzweiflung.

Katholisch

Einmal katholisch, immer katholisch. Das bleibt einem wie ein lahmes Bein.

Kinder (1)

Nur Eltern behaupten verbissen, die Kindheit (ihrer Kinder) sei schön (gewesen). Über ihre eigene Kindheit denken sie meist das Gegenteil. Oder sie geben es zumindest vor. Kindheit ist selten schön.

Kinder (2)

Sind Eigentum der Eltern. Erst ein Auto haben, dann ein Haus haben, dann Kinder haben. »Haben« ist das Wort, um das es geht, die Sprache verrät es.

Kindheit

Wenn deine Kindheit nicht in Ordnung war, ist das Leben wie ein Haus, das auf schlechten Grundmauern steht. Nicht mehr zu reparieren, verstehst du?

Klärung (von Unstimmigkeiten)

»Du bist schuld!«

Knecht

Der Knecht ist der Wahrheit oft näher als der Meister.

Koitus

Falls er zur Zeugung führt, bezahlt ihn der Nachkomme. Mit 60 Jahren Mühsal, Kriegsdienst, Ohrenpfeifen, Gliederreißen, Steuern zahlen. Ein paar Sonnentage sind auch dazwischen, na, wenigstens das!

Kommando (das)

Haben meist die Frauen. Schon in der Familie. Oft auch in der Weltgeschichte. Man merkt es erst, wenn es nicht so läuft, wie die Frauen wollen, denn dann fangen sie an zu heulen.

Komplimente

Sind wie eine leichte Narkose der Seele. Alle sagen, sie hätten sie längst durchschaut. Und dann kommt einer damit an, und sie werden wehrlos wie in einer Betäubung. Am meisten die Frauen.

Konfliktfreude

Ist die sichere Voraussetzung für eine Scheidungsehe.

Kultur

Gibt's denn bloß noch Kultur? Und kein Fußball?

Kunst (1)

Fürchtet die Kunst!

Kunst (2)

Erkennen nur wir. Alles andere ist Mist.

Kunstmaler

Sollte man daran hindern, über Malerei zu reden.

Leben (1)

Ist das, was man so den Tag über denkt.

Leben (2)

Das Leben muss gar nicht so unerträglich sein, wie die Schöpfung und der Staat es dir bereitet haben. Es gibt Winkelzüge.

Leben (3)

»Wie soll man leben?«

»Wenn möglich, gar nicht. Aber wenn schon, dann lebt der Weise fröhlich und ohne diese Frage.«

Leben, einfaches

Je weniger Gegenstände einer besitzt, umso mehr kann er damit anfangen.

Leben, wahres

Der Christ hält das Leben nach dem Tod für das wahre. Der Buddhist trachtet danach, nicht wiedergeboren zu werden. Was habt ihr nur alle: Gefällt euch das Leben nicht so, wie es ist, und dann, wenn es stattfindet? Der Weise lebt nur, während er lebt, und so, wie es ist, ist es gut.

Lebenskunst

Ist keinem Tier ein Problem. Sie singen und springen und schlagen sich herum. Solange sich der Mensch nicht einmischt. Nur er, der Mensch, kommt nicht zurecht. Der arme Hund.

Lebenskunst, erstes Gesetz der

Du kannst auf dieser Welt nur leben, wenn du sie zu deiner Geliebten machst. Sie mit diesen ungeheuerlichen Wundern und Grausamkeiten annimmst und zwischen beiden das Gleichgewicht findest. Sonst wirst du sie nicht so verlassen können, wie du es vorhast – laut lachend auf einem silbernen Vogel fliegend und bis zum Rand erfüllt mit allem, was sie dir zu bieten hatte.

Lebenslast

Aus »Last« einfach »List« machen oder besser: »Lust«: Wer wird sich wegen eines einzigen falschen Buchstabens lange grämen!

Lebenswerk

Wie eitel die Menschen doch sind, die ein solches hinterlassen wollen. Zu was denn? Wer zu den Göttern geht, legt alles ab und hinterlässt keine Spuren.

Leidenschaft

Der Mann sollte sich seine Leidenschaft schon etwas kosten lassen. Hier ein wenig Parfüm geschenkt. Ein paar Schlüpferchen, ein paar Diamanten. Erst dann darf er sich fröhlich und ohne Gewissensbisse der Leidenschaft der Leibeslust ergeben.

Lesen

Macht müde und verdirbt die Augen.

Leser

Der Leser sucht in einem Buch immer sich selbst. Wie er leben wollte, aber nicht gelebt hat. Wie er denkt, dass er ist, aber niemand merkt es. Oder wie er meint, dass es war und nun genau so auf dem Papier steht. Da ist die an einer großen, unerfüllten Liebe zerbrochene, geschundene Seele. Und da ist einer, der sich die Welt zu Untertan machen würde. Es aber nicht kann. Eine Frau auf der Flucht vor dem bestialischen Mann. Die Gattin des Reichen, die sich auf einen Fischer wirft und ihm das Salz von der Haut leckt. Die große Lovestory, die man nicht erleben durfte, aber innerlich immer bereithielt. Reichtum, in dem man gerne leben würde … Na gut, ist ja in Ordnung so.

Liebe

Ereignet sich mehr durch Zufall und eher willkürlich. Wenn die Zeit der Brunft ist, ist es fast egal, wer auf wen trifft.

Liebe (ewige)

Selbst die allergrößte Liebe lässt sich noch durch Dummheit zerstören.

Literat

Versteht von Literatur so viel wie die Hechtsuppe vom Angeln.

Literatur (1)

In den Lektoraten wird viel Literatur zerstört. Oder verhindert, und das öfter, als nach außen erkennbar wird.

Literatur (2)

Ein Buch muss so sein: Du schlägst es irgendwo (beliebig) auf, um probeweise einen Satz zu lesen. Und schon kommst du nicht weg davon oder gibst dem Werk noch eine Chance, sich zu offenbaren. Ein Buch hat drei Seiten Chance, wenn du es dann weglegst, hat es verloren.

Jeder Satz sollte so sein, dass er dich in den nächsten hineinzieht. Jeder Satz müsste – weggelassen – eine Lücke hinterlassen. Kein Satz darf dastehen, der genauso gut wegbleiben könnte. Langes Gerede stiehlt die Zeit des Lesers. Es gibt Werke, die bestehen nur aus unnötigen Sätzen. Wenn du ein Buch gelesen hast, musst du nachher etwas mehr wissen als zuvor. Für Krimis und Bücher, welche die Zeit totschlagen sollen, gilt das nicht. (Siehe auch *Zeitvertreib*.)

Logik

Findet nicht statt.

Macht

Die Weltgeschichte setzt sich zusammen aus den Folgen krankhafter Sucht einiger Leute nach Macht. Manche gründen auch eine Familie, um Macht auszuüben.

Undenkbar, dass ein Weiser nach Macht streben könnte – er nähme sie nicht einmal an, würde man sie ihm schenken.

Madonna

Spielt doch Fußball in Brasilien und kokst, oder nicht?

Maler (1)

Wenn ein Maler anfängt über Malerei zu reden, versuch durch die Hintertür zu entwischen und geh so lange hinter dem Haus spazieren!

Maler (2)

Sage nie einem Maler, er soll dir seine Bilder zeigen, wenn du an dem Tag noch etwas anderes zu tun hast.

Malerei

Am besten malen jene Maler, die nicht wissen, was sie tun. Doch immer stimmt das auch nicht.

Mann und Frau (1)

Wenn man zwei Wassertropfen in alle sieben Weltmeere schütten würde, dann ist die Wahrscheinlichkeit, dass sie einmal aufeinandertreffen, größer, als dass zwei Menschen, die zusammenpassen, sich jemals begegnen. Sollten einmal zwei zusammenpassen, dann haben sie jeder in einem anderen Jahrhundert in einer weit voneinander entfernten Gegend gelebt. Oder wenn sie sich einmal wirklich begegnen, dann hindern die Umstände sie bestimmt daran, zusammenzukommen, weil der eine gerade mit einer anderen Frau (oder umgekehrt) verbunden ist. Und angenommen den unmöglichen Fall, dass sie wirklich zusammenkämen, wird es einem von beiden nach einer Weile gelingen, dieses Wunder zu zerstören. Der Weise kümmert sich nicht um diese Gemeinheit des Schöpfers. Er verhält sich so, als sei alles in Ordnung.

Mann und Frau (2)

Sollte man voreinander schützen.

Männer

Geh mir doch weg mit den Männern!
(Siehe auch *Frauen*!)

Meineid

Ein von der Justiz nicht ungern gesehener Eingriff ins Verfahren, weil dieser die Arbeit des Gerichts verkürzt. Wird selten geprüft oder verfolgt.

Mensch (1)

Der Mensch ist eine Mischung aus Scheiße und Mondschein. (Arno Schmidt)

Mensch (2)

Ich halte den Menschen weder für ein gutes noch für ein nützliches, noch für ein angenehmes Wesen. Aber ich liebe mich. Der Grippevirus liebt sich auch, ohne angenehm oder gut sein müssen.

Menschen (die)

Die Menschen teilen sich in drei Kategorien ein. Zur oberen zählen sich die, welche sich selbst dazu zählen. Etwa die Reichen, auch manche Intelligenzler. Zur mittleren zählen sich die, welche noch daran arbeiten, sich zu trauen, sich zur oberen zu zählen. Zur unteren gehören jene, die von den anderen beiden diesen zugeordnet werden.

Auch Gott, sagt man, bestünde aus drei Kategorien. Oben einer als Taube. In der Mitte einer mit Bart, und unten einer als Sohn. Im Grunde genommen könnte man alles in drei Kategorien teilen.

Menschheit (die)

Von oben gesehen ist sie wie ein Schimmelpilz, der die Erde mehr und mehr überwuchert, auffrisst und zerstört. Eine kosmische Infektion dieses Planeten. Ein Pilz, der sich zur Zeit anschickt, sich von ihr abzuheben und andere Planeten zu befallen. Wie bei einem Apfel. Und da ist doch auch nichts dagegen zu sagen, oder was?

Meyer

Eine weitverzweigte Spezies der Menschheit, die sich zu verbergen sucht, indem sie ihren Namen mal mit a-i oder e-i oder a-y falsch schreibt. Was ihr aber nicht gelingt, wir erkennen sie.

Müssen

Nichts muss gemusst werden. Nur was freiwillig gemusst wird, muss gemusst werden, was dann aber nicht so gemusst wäre, wie das, was gemusst gemusst werden müsste. Das muss doch zu verstehen sein. Oder nicht?

Muse (die)

Ist für den Künstler das, was für die Glühbirne der Schalter ist. Sie macht ihn an. Und wieder aus.

Muse (2)

Ist meistens die Frau des Dichters. Besonders wenn sie ihm etwas kocht. Ist sie nicht seine Frau, dann ist sie meist etwas schöner, als wenn sie seine Frau wäre. Jedoch verlässt sie ihn meist bald.

Name

So wie du heißt, so bist du.

Nichts

Weniger als nichts gibt's nicht.

Bei nichts ist dann Schluss, weiter geht es nicht mehr.

Obrigkeiten

Obrigkeiten und unbekannte Mächte mischen sich in euer Leben. Lasst es euch nicht gefallen.

Orte

Sehr wohl ist es nicht egal, wo sich einer befindet. An manchen Orten ist die Luft schlecht. An manchen ist es zu laut, an manchen ist der Nachbar ein Lump. Nur der Buddhist richtet es sich überall gemütlich ein. Selbst in der Hölle. Du bist aber kein Buddhist, also sieh zu, wie du zurechtkommst.

LUCIE!

Paradies (das)

Sollte am besten heimlich im Kopf stattfinden, damit Gottvater es nicht merkt und dich wieder daraus vertreibt.

Perlen

Es gibt ja so viele Säue und so wenig Perlen.

Politik

Ist ein Tummelplatz für das legale Verbrechen. Steuerhinterziehung, Korruption, sogar Massenmord sind hier möglich. Pfui Teufel!

Porschefahrer

Werden gehasst.

Probleme

Die Ursache der Weltprobleme ist immer der Mensch. Das könnte man ändern. Wäre er weg, wäre die Welt wieder in Ordnung.

Prügel

Lehrer müssen auch weiterhin bestraft werden, wenn sie die Schüler zurückschlagen.

Quacksalberei

Keine Krankheit ist zu gering, als dass sie nicht durch die Behandlung eines Quacksalbers tödlich werden kann. Der Weise weiß, dass das meiste von selbst heilt.

Durch die ärztliche Approbation erwirbt der Quacksalber die staatliche Lizenz zum straffreien, unnötigen Entfernen von menschlichen Körperteilen und Organen durch Verwechslung:

a) eines Organs mit einem anderen,
b) der wirklichen Krankheit mit einer nicht vorhandenen,
c) von rechts und links am Körper des Patienten,
d) des narkotisierten Patienten mit einem anderen bereits betäubten Patienten.

Alles das ist honorarpflichtig und in keinem Fall rückzahlbar.

Quasselei

Fast alles, was geredet wird, kann genauso gut weggelassen werden. Die Quasselei dient vorwiegend dazu, etwas zu verschleiern, zu verbergen, falsch darzustellen oder eine gewünschte Stimmung zu erzeugen.

Ratten

In der Politik: Bezeichnung für Menschen mit anderer Weltanschauung. In der Zoologie: Eine Art große Maus, die dem Mensch an Intelligenz in den wesentlichen Fragen des Lebens überlegen ist.

Raucher

Die Raucher meinen, sie könnten mit ihrer Verruchtheit, mit dem praktizierten Mut zum Lungenkrebs imponieren. Sie sehen sich als Marlene Dietrich oder James Dean, rettungslos ihrer Leidenschaft ergeben. In Wahrheit stinken sie bloß.

Rausch (1)

Jede Landschaft braucht ihren eigenen Rausch. Absinth in Spanien, Ouzo auf Kreta – das in den Alpen, und du kotzt. Die Alpen brauchen den Enzian. Das Bier im Vorland – aber das richtige Maß, ja!

Rausch (2)

Der Alkohol ist nur ein geringes Hilfsmittel, und der Umgang damit ist eine Kunst. Das gilt auch für andere Rauschmittel. Wer die Kunst des seligen Saufens nicht beherrscht, soll ein Bierchen trinken und dann aufhören.

Recht

Wer Gerechtigkeit sucht, der sollte sich nicht an die Justiz wenden. Er sollte lieber auf das Jüngste Gericht hoffen.

Rechtsvertreter

Meist gut ausgebildete Komplizen der Unterwelt. Wer gelangt denn im Gerichtswesen zu größten Ehren? Wer für einen Mafiosi oder Massenmörder einen Freispruch erlangt, obendrein noch Haftentschädigung und Schadensersatz wegen Rufmordes. Die ganze Ausbildung des Rechtsanwalts beläuft sich darauf, das Recht so zu verdrehen, dass jedes Verbrechen legal wird. Der Meister des Lebens wird jeden Kontakt mit allen hier aufgezählten Sorten Mensch meiden. Er würde nie gewinnen.

Reden

Der Weise betrachtet die Taten des anderen, nie glaubt er dessen Reden.

Reichtum

Wer geliebt werden will, sollte nicht reich sein. Die Reichen werden gehasst, selbst von Ehepartnern und Verwandten. Manche versuchen notdürftig, den Hass zu verbergen. Würden die Reichen ihnen allen ihren Reichtum schenken, es würde nichts ändern. Für den Hass reicht schon die Vermutung von Reichtum.

Reise

Wenn du einmal irgendwo auf einer Reise etwas Großartiges erlebt hast und du fährst wieder hin, um das zu wiederholen, kann es sein, dass auch das frühere Erlebnis damit zerstört wird. Sternstunden sind nicht wiederholbar.

Religion (1)

Mancher Mensch braucht die Religion und einen Gott, weil er sonst niemanden hat, mit dem er nachts im Bett reden kann. Na gut, er könnte gegen die Wand reden. Doch darauf kommt er nicht.

Religion (2)

Es gibt Religionen, die jedes Begreifen eines Gottes unmöglich machen.

Salzheringe

Einst das Lebenselixier unserer Vorfahren. Ein Glas Wodka ... einen halben Salzhering ... ein Glas Wodka ... einen halben Salzhering ... ein Glas ... Das konnte so weitergehen bis ultimo, du gingst gerade aus der Tür wie ein preußischer Major nach dem Frühstück. Weil der Wodka zusammen mit Hering nicht schaden kann. Fünf Pfennig ein Salzhering, vorbei die schöne Zeit. Heute kann keiner mehr einen Hering bezahlen, die Menschen haben die Meere leergefressen. Dadurch wird der Wodka wieder schädlich.

Saufen

Die Kunst des seligen Saufens: Nie ein Glas zu viel trinken (oder zu wenig). Die Beine dürfen nicht schwer werden; die Seele muss über der Erde schweben wie ein Schmetterling. Mehr nicht. Zum seligen Suff bedarf es eines großen Meisters.

Schicksal

Alles ist auf eine fatale Weise so oder anders.

Schöpfer

In der Regel ist der gemeint, der die Schöpfung verursachte und dann wegging.

Schöpfkelle

Hat mit (der) Schöpfung (zunächst) nichts zu tun.

Schöpfung

Die Schöpfung preist nur der, welcher (noch) keine Gicht hat.

Schreibmaschine (mechanische)

Manche Schriftsteller beharren auf der Nutzung der mechanischen Schreibmaschine und beweisen damit ihre Unbestechlichkeit durch modischen Firlefanz. Noch deutlicher wird diese hervorragende Eigenschaft bei Handschreibern. Sie haben selten eine schöne und nie eine leserliche Handschrift und zwingen den Lektor damit, sich sehr lange mit dem Manuskript zu befassen, zehn Minuten pro Wort. Dabei muss so eng geschrieben werden, dass nichts dazwischengesetzt werden kann.

Schriftsteller

Hacken mit einem Finger auf der Schreibmaschine herum und versuchen, ihr Innerstes nach außen zu kehren oder zu verbergen oder den Leser in die Irre zu führen. Man sollte ihnen aus dem Weg gehen.

Schriftstellerei (vor allem Sachbuch)

Man nehme etwa fünf Bücher, lege sie neben die Schreibmaschine und schreibe jeweils ein Fünftel jeden Werkes daraus ab. Es ist unwahrscheinlich, dass ein Leser alle fünf Werke kennt. Kennt er eines und entdeckt Gemeinsamkeiten, beweist das an erster Stelle die Richtigkeit der Aussage, sonst wäre sie nicht zwei Schriftstellern übereinstimmend eingefallen.

Schuld

Gott ist schuld!

Schwätzer

Sie reden und reden und reden, und wenn es dir nicht gelingt zu entfliehen, während sie einmal pinkeln gehen (müssen), bist du verloren.

Der Weise geht ihnen aus dem Weg.

Schweigsamkeit

Uns imponieren am meisten die, die nicht reden.

Schweineleben

Ach, du heißgeliebtes Schweineleben!

Jemand hat einmal gesagt, du kannst das Leben nur so lange ertragen, solange du es nicht begreifst. Aber das kann es nicht sein. Es muss eine Stufe danach geben, wo du erst dann leben kannst, wenn du das Leben begriffen hast.

Selbstfindung

Manche wären besser dran, sie würden sich nicht selbst finden.

Selbstgespräche

Wer mit sich selbst redet, hat wenigstens einen Zuhörer, der ihn nicht andauernd unterbricht. Nicht alles besser weiß, ihm das antwortet, was er hören will. Kurzum: Er hat die allerbeste Gesellschaft.

Selbstsuche

Ihr Beispiel zeigt, dass es nicht stimmt, wenn man sagt: »Wer sucht, der findet.«

Die Menschen sind alle auf der Suche, und was finden sie? Wenn überhaupt jemanden, dann meist nicht sich selbst. Und die sich selbst fanden, wären besser dran, sie hätten sich nie gefunden.

Der Weise schert sich nicht darum. Sucht nicht, findet nicht, er macht, was er macht, und das, so gut er kann.

Sinn (des Lebens) (1)

Der Sinn des menschlichen Lebens lässt sich nicht erkennen. Gäbe es ihn, dann würde er sich melden. Weise ist daher, wer ihn nicht sucht.

Sinn (des Lebens) (2)

Und was ist, wenn du am Ende merkst, dass dein Dasein weiter keinen anderen Sinn hatte, als dass du leben hättest sollen? Stattdessen hast du den Sinn gesucht und vergessen zu leben.

Speisung

Kraut mit Kümmeln, Speck und Kartoffeln. Serviert auf einem Teller mit Goldrand. Messer und Gabel danebengelegt, und wer keine Zähne hat, kann mit dem Löffel essen: Besseres gibt es nicht – oder?

Sprache

Wahrscheinlich gäbe es weniger Unheil auf der Welt, wäre dem Menschen nicht das Wort gegeben. Mit dem er lügt. Und verdreht. Ein Hund kann gar nicht lügen.

Sterne

Werden erzeugt:

a) durch einen harten Schlag auf den Kopf;
b) durch einen mutigen Sprung aus dem zweiten Stock, Kopf nach unten;
c) durch Hineinspringen in ein schwarzes Loch. Der Springer kommt in der Jenseitsdimension, also dem weißen Loch, also der Umstülpung der Materie in Nichtmaterie, als Gegenstern heraus. Das als Anweisung für den, der nach den Sternen greift.

Stille (1)

Kommt ein Nachbar dazu, ist sie vorbei.

Stille (2)

Wird immer wieder von denen zerstört, die man sonst nicht wahrnehmen würde.

Stolz

Ist von der Weisheit so weit entfernt wie der Nordpol vom Südpol.

Streit

Streite dich nicht, und schon gar nicht mit deiner Frau.

Tabak

Was nutzt dem Menschen die ganze Welt, wenn er nichts in der Pfeife hat.

Tag

Vergiss es nicht: Heute ist der schönste Tag in deinem Leben!

Teufel

Vermutlich die Rückseite Gottes.

Tod (1)

Der Mensch sagt von sich, dass nur er, der Mensch, vom Tod wisse. Daraus leitet er ab, dass er die Krone der Schöpfung ist.

Er war noch nie im Schlachthof.

Tod (2)

Er sollte kein Ereignis sein, sondern eine Tat. Du musst hingehen und sterben, so wie du hingehst und Beeren pflückst.

Tod (3)

Man sollte lieber darauf gefasst sein, dass es nach dem Tod nicht weitergeht. Denn wie dumm steht doch einer dann da, wenn danach nicht kommt, womit er so fest gerechnet hat.

Unabhängigkeit

Die totale Unabhängigkeit ist freilich nicht erreichbar, denn vom Sauerstoff und einer gewissen Temperatur etwa ist man immer abhängig. (Manche Meister brauchen auch das nicht mehr.) Aber die weitgehende ist erreichbar. Sie und die Freiheit sind die höchsten Stufen in der Kunst zu leben. Doch im Notfall kann man auch von Kartoffeln leben.

(Siehe auch *Bratkartoffeln* sowie *Abhängigkeit.*)

Unglück (1)

Die Wahrheit über die Ursache und den Sinn allen Geschehens zu wissen, könnte möglicherweise das größte Unglück sein, welches dem Menschen erfahrbar wäre. Ein seelischer Supergau unvorstellbaren Ausmaßes.

Vielleicht ist es auch umgekehrt: eine unsagbare Freude. Also schert euch nicht drum, es sei, wie es sei.

Unglück (2)

Ein vermeintliches Unglück sollte man erst nach sieben Jahren beurteilen. Es gibt Unglücke, die nachträglich ein Segen sind. Etwa: Deine Frau (oder dein Mann) läuft dir weg.

Unheil

Mit der Zeit gewöhnt man sich an fast jedes Unheil, es muss sich nur oft genug wiederholen.

Unkraut

Käme Unkraut nicht so häufig vor, würden es sich die Leute wie eine Orchidee ins Knopfloch stecken und zum Geburtstag schenken. Der Weise weiß dies.

Unsterbliche (Dichter)

Gibt es nicht. Sie sterben meistens schon mit 72 Jahren.

Unwahrheit

Vielleicht ist die Unwahrheit viel schöner als die Wahrheit. Vielleicht ist sie sogar sauschön. Und die Wahrheit schrecklich. Sucht nicht mehr nach der Wahrheit, lasst es sein, wie es ist.

Verleger

Wenn ein Verleger verbreitet, ein Autor sei geldgierig oder schwierig, dann hat der Autor sein Honorar verlangt.

Verlierer

Nicht immer hat der Verlierer verloren. Es gibt genauso viele Gewinner, die eigentlich die Verlierer sind. Gewonnen oder verloren – der Weise sieht keinen Unterschied.

Verwandtschaft

Ganz weit weg von deiner Verwandtschaft musst du dich ansiedeln. In einer Hütte am Teich, wo man baden kann.

Vögel

Wie ein Vogel sollte man leben.

Sie schlüpfen aus dem Ei, werden eine Weile gefüttert und stürzen sich kopfüber ins Leben.

Verlassen die Eltern, essen und trinken, sammeln keine Vorräte und singen. Und lassen sich vom Wind tragen.

Bis es dann vorbei ist.

Wahnsinn

Die Folge davon, dass einer alles wissen will. Wäre aber auch anders zu erreichen, z. B. durch ständiges Saufen. Ewiges Studieren. Oder endloses Herumgehen im Kreis. Der Wahnsinnige lässt sich am leichtesten in der Politik unterbringen.

Wahnsinn (religiöser)

Der religiös Wahnsinnige geht auf der Straße herum, singt Halleluja und lässt sich Hände und Füße küssen. Er sagt, er vertrete hier Gott, und alle müssen tun, was er sagt. Im Allgemeinen sammelt er dafür Geld ein.

Wahrheit (1)

Ist vermutlich auch eine Lüge.

Wo sie sicher nicht vorkommt: in der Politik und der Justiz.

Fände man sie, würde sie sich von der Rückseite gesehen spätestens nach zwei Jahren wieder als ein neuer Irrtum erweisen. (Siehe auch *Irrtum*.)

Wahrheit (2)

Was sucht ihr nach der Wahrheit? Es reicht schon, wenn ihr keine Schmerzen habt.

Wahrheitsfinder

Wird man eher durch Zufall. Der Wahrheitsfinder hat nichts mit dem Wahrheitssucher zu tun. Er findet sie ganz zufällig wie einen Pfifferling im Wald. Dabei könnte es sich aber auch um einen als Pfifferling getarnten Fliegenpilz handeln. Selbst wenn es sich jedoch um einen Pfifferling handelt, wird er sich vermutlich vergiften, wenn er ihn isst, weil er keine Pilze verträgt. Der Weise würde daher die Wahrheit – fände er sie – nicht beachten. Er hütet sich vor Pilzen.

Wahrheitssucher

Ist einer, der mit einem Netz aus Nebel in der Luft nach Fischen jagt. Er kann froh sein, dass er die Wahrheit nie erwischt, sie würde ihn zwischen ihren Schenkeln zerquetschen wie eine Fliege.

Wein

Der Wein ist eines der wenigen Gnadenmittel einer unbekannten Macht. Durch ihn kann der armselige Mensch kleinere Höhen erreichen, die ihm sonst nicht erreichbar sind, nur muss er nach dem dritten Glas aufhören. Daran scheitert er aber mit Sicherheit, weil er nicht aufhört, weil er zu viel säuft. Es ist ein Schicksal des Menschen, dass er mit den wenigen guten Gaben dieser Erde nicht zurechtkommt. (Siehe auch unter *Dummheit*!)

Weisheit (1)

Manche Kinder werden in der Weisheit geboren. Sie wird dann von den Eltern zerstört, spätestens aber in der Schule.

Weisheit (2)

Der Weise erkennt den Weisen. Dem Dummkopf erscheint der Weise eher als ein Narr.

Weisheit (3)

Macht die Weisheit glücklich? Ja, insofern, als der Weise kein Glück einfordert. Es nicht einmal braucht.

Weisheit (4)

Der Weise nimmt im Laufe des Lebens immer mehr zurück. Und am Ende hinterlässt er nichts und keine Spuren. (Siehe auch unter *Lebenswerk*.)

Weisheit (5)

»Warum lebst du?«, fragen sie den alten Mann.

»Weil ich geboren wurde.«

»Aber was ist der Sinn?«

»Ich trinke Wasser aus diesem Krug, und in der Nacht werde ich schlafen. Doch kommt unter das Dach, es regnet. Ich kann euch eine Reissuppe kochen. Wenn ihr wollt…«

Weltverbesserer

Wenn du mit einem deiner Haare die Welt verändern könntest – behalte das Haar.

(Chinesisches Sprichwort)

Widerspruch

Logisch ist der Widerspruch logisch. Weil alles ist sowohl so als auch umgekehrt richtig. Der Spiegel hat auch zwei Seiten, und jede ist anders, und beide zusammen sind ein Spiegel, und fehlt eine der beiden Seiten, ist der Spiegel kein Spiegel mehr. Alles klar? Na also.

Wiedergeburt

Bloß nicht alles das noch einmal!!

(Siehe auch unter *Leben*!)

Willensfreiheit

Der Mensch kann wohl tun, was er will, aber er kann nicht wollen, was er will. (Lichtenberg)

Wissen

Unser größtes Glück ist, dass wir die Wahrheit nicht wissen.

Wohlstand

Merkwürdigerweise finden sich unter den Wohlhabenden mehr Unglückliche als unter anderen Menschen.

Wunder

Die meisten Wunder sind gar keine Wunder. Andererseits ist alles, was geschieht, ein Wunder, wenn man sich darüber wundern will.

Xanthippe

Unrechtmäßige Bezeichnung für eine zänkische Frau. Es gibt gar keine zänkischen Frauen.

Yeti

Ein Tiroler, der den Himalaja lange vor Messner bestieg und dann nicht mehr zurück nach Hause ging. Messner traf ihn und erkannte in ihm einen ehemaligen Schulfreund.

Zahnärzte

Manche Zahnärzte zerstören mehr Zähne als die Karies.

Zeit

Nach bisheriger Vermutung läuft sie ab von hinten nach vorn. Inzwischen weiß die Physik, dass es möglicherweise nicht so ist. Am besten, du setzt dich hin und lässt sie tropfenweise über die Finger rinnen und freust dich.

Zeitvertreib

Was für ein elendes Wort! Da vertreiben manche Leute ihre Zeit. Das Kostbarste, was der Mensch hat. (Siehe auch *Dummheit*.)

Ziel

Der wahre Meister hat kein Ziel. Er steht morgens auf, verrichtet seine Arbeit. Isst und trinkt, und nachts schläft er. Befindet er sich noch auf der tieferen Stufe, ein Ziel haben zu wollen, erklärt er nachträglich das, was gerade ist, als sein erreichtes Ziel. Das macht ihn heiter, denn damit hat er immer sein Ziel erreicht.

Zufall (1)

Es gibt keinen Zufall.

Zufall (2)

Alles ist Zufall.

Zufriedenheit

Zufrieden oder nicht zufrieden, dem Meister stellt sich die Frage gar nicht.

Zukunft

Es wird sein, wie es sein wird.

(Russisches Sprichwort)

Epilog

Ein Frosch tat einmal kund, er werde morgen um eine bestimmte Zeit hier von einer bestimmten Stelle wegfliegen. Alle kamen, um über sein unausweichliches Scheitern zu lachen.

Exakt zur genannten Zeit kam der Frosch an den genannten Ort, legte seinen Schal ab und flog davon.

Nachwort

Ist er ein Philosoph? Kommt darauf an, was darunter zu verstehen ist. Ich würde sagen, ein Philosoph ist einer, der genauer hinschaut. Ein Mensch, der mehr als üblich nachdenkt. Einer, der übers Nachdenken zu Schlüssen kommt, um sie dann nach Möglichkeit auch selbst im Leben umzusetzen. Darin besteht, zumindest in meinen Augen, die Kunst in Bezug auf das Leben, die Lebenskunst, um die es hier geht: nicht einfach nur in den Tag hineinzuleben (was möglich, aber wohl eher keine Kunst ist), sondern sich ein paar Gedanken zu machen. Nicht immer, aber immer mal wieder.

Ob Janosch das auch so sieht, weiß natürlich nur er selbst. Vermutlich würde er bei einem Treffen in seinem Domizil in den Bergen auf Teneriffa sagen, er bemühe sich redlich, und das führe ihn dazu, lachen zu können, wenn der Schmerz kommt. Mit diesen Worten nimmt er die Leserin, den Leser gleich an der Eingangspforte zu seinem kleinen Buch in Empfang. Eigene Versuche in dieser Disziplin zeigen mir, dass das nicht immer gelingt. Aber Janosch macht mit diesem

Auftakt schon mal klar, dass er schmerzliche Erfahrungen kennt und das Leben für ihn nicht immer nur aus Spaß und Freude besteht.

Was hilft uns, wenn das Leben schwierig wird und das Lachen im Halse stecken bleibt? Viele wollen so eine negative Situation nicht einmal denken, es soll vielmehr immer alles positiv sein. Janosch aber wird nachdenklich und lenkt den Blick auf die Sternstunden, um derentwillen allein sich schon das Leben lohnt. Das hilft in schwierigen Zeiten: sich an solche Stunden zu erinnern und sich über ihre Einmaligkeit zu freuen, statt sie um jeden Preis wiederhaben zu wollen und dann enttäuscht zu sein, wenn sie partout nicht wiederkehren, schon gar nicht in identischer Gestalt.

Um irgendwie mit diesem Durcheinander namens Leben zurechtzukommen, hat Janosch die wichtigsten Dinge in seinem Buch alphabetisch geordnet: Arbeit, Bratkartoffeln, Champagner – und so weiter. So ist sein *Wörterbuch der Lebenskunst* aufgebaut, und jeden Anfangsbuchstaben ziert eine illustrierte Initiale, die Tigerente darf nicht fehlen. Anders als andere Philosophen, die über die Dinge des Lebens umfangreiche Bücher schreiben, macht er nicht gerne viele Worte. Er hat es gut, denn er kann mit Bildern oft so viel mehr sagen, aber präziser wird das Nachdenken halt mit Worten. Also wagt er sich in diesem Bändchen auf das Terrain der Formulierungen vor, mit deren Hilfe Einsichten auf den Punkt zu bringen sind, von anderen allerdings auch bestritten werden können.

Manches im Leben firmiert unter S wie Schicksal, das »auf eine fatale Weise so oder anders« ausfällt. Das ist eine knackige Definition dessen, was moderne Menschen nicht mehr akzeptieren wollen, da alles machbar und veränderbar sein soll. Aber es gibt trotzdem Dinge, die geschehen und nicht mehr veränderbar sind. Mit dem Schlamassel, das daraus resultiert, hat uns ein Schöpfer allein gelassen. Das ist der, zwinkert Janosch uns zu, der die Welt geschaffen hat »und dann wegging«. Klar, wer folglich die Schuld für alles trägt. »Gott ist schuld!« Doch, ja, das ist eine gute Idee für die Lebenskunst, die ewige Frage nach der Schuld, mit der sich Menschen oft lebenslang herumschlagen, in dieser Kürze abzuservieren. Schon um sich und andere auf andere Gedanken zu bringen.

Man sieht es den knappen Sentenzen nicht immer an, was da alles dahintersteckt. Beispielsweise, dass Janosch einst bei dem weithin bekannten Theologen Romano Guardini in München nach eigenem Bekunden »am katholischen Christentum herumstudiert« habe. Eine Liebe zur Religion ging daraus nicht hervor. Der heilige Unernst lag ihm näher. Aber lässt sich die Frage nach dem Sinn des Lebens ebenso wenig ernst nehmen? Das suggeriert Janosch seinen Leserinnen und Lesern unter der Rubrik »Sinn«, aber dazu ließe sich vielleicht doch mehr sagen. Die Voraussetzung dafür wäre, etwas länger darüber nachzudenken, was mit Sinn gemeint sein könnte. Bei genauerem Hinsehen lässt sich beobachten, in welcher Situation Menschen sich davon besonders erfüllt fühlen. Es hat mit Beziehungen zu tun. Wer liebt und geliebt wird, stellt die Frage nach dem Sinn des Lebens nicht mehr. Das ist kein letzter Beweis, aber ein Hinweis. Janosch hat es sicher selbst erlebt.

Manche Sätze sind etwas leichtfertig so dahingesagt. »Vergiss es nicht: Heute ist der schönste Tag in deinem Leben!« Jeder Mensch verfügt über genug Lebenserfahrung, um zu wissen, dass das häufig nicht so ist. Warum sich dem Stress aussetzen, dass es immerzu der schönste Tag sein soll, auch wenn es einer zum Heulen ist? Auch die unschönen und traurigen Tage sind Leben. Mit ihnen leben zu können, ist ebenso Lebenskunst wie der Genuss der schönen und freudigen Tage.

Mit einem Blick auf andere Stellen scheint mir Janosch dann doch kein Philosoph zu sein, wenn er etwa dazu auffordert, nicht mehr nach der Wahrheit zu suchen. »Lasst es sein, wie es ist«, die Unwahrheit sei vielleicht schöner als die Wahrheit. So konnte man das in sorglosen früheren Zeiten sehen. Hier wird deutlich, dass das Büchlein aus einer fernen Vergangenheit stammt. Als es 1995 in einer ersten Ausgabe erschien, waren Lügner vom Stile eines Trump oder Putin noch nicht einmal denkbar. Selbst professionelle »postmoderne« Philosophen schwärmten damals von der Beliebigkeit der Wahrheit. Aber sollte es nicht so etwas geben wie wahre Aussagen, die einer nachprüfbaren Wirklichkeit entsprechen, sowohl im privaten wie auch im politischen Leben?

Noch früheren Zeiten, wie Janosch sie erlebt hat, ist es möglicherweise zuzuschreiben, dass er sogar Sätze heraushaut wie: Furcht sei die »Grundlage der Erziehung«. Womöglich haben sich solche Aussagen in ihm in Jugendjahren verfestigt, als er noch Horst Eckert war und Grund hatte, seinen Vater zu fürchten. Da hat sich in der Zwischenzeit glücklicherweise doch noch eine andere Sichtweise entwickelt.

Furcht hält Janosch auch für den wahren Grund der Anbetung höherer Wesen. Bei einem genaueren Hinschauen und mehr Nachdenklichkeit könnte man da sicher noch etwas anderes erkennen, beispielsweise die Liebe zu etwas Wesentlichem, das die Endlichkeit des Menschen unendlich übersteigt, wie auch immer es zu benennen ist. Aber das können die Leserinnen und Leser an Janoschs Stelle auch selbst übernehmen. Eine Lebenskunst kann nicht von einem Menschen als einzig verbindliche für alle verkündet werden, sondern wird vom jeweiligen Individuum selbst entwickelt. Der Einzelne muss ja auch mit seiner ganzen Existenz die Verantwortung für sein Leben übernehmen, niemand sonst macht das.

Auch bei anderen Dingen des Lebens darf jede und jeder Einzelne sich die Freiheit nehmen, sie anders als der Autor dieses Wörterbuchs zu sehen. Beispielsweise beim K wie Kaffee. Janosch gehört offenbar zu den seltenen Menschen, die dem Kaffee nichts abgewinnen können, der für viele andere wiederum definitiv ein zentraler Teil ihrer Lebenskunst ist. Wie kommt er zu dieser Haltung? Seine Erfahrung ist einfach, kurz und bündig: »Kaffee mindert das Wohlbefinden.« Das zu erkennen, sei schon ein Teil der Kunst des Lebens. Für ihn zumindest. Er liebt halt mehr den Wein.

Ich ahne, was Janosch mir jetzt sagen würde: Nimm's nicht so ernst, was da steht! Im Zweifelsfall ist er eben doch mehr Künstler als Philosoph. Der Philosoph will ergründen, der Künstler will eine Brücke über die Abgründe des Lebens bauen. Es ist bei ihm in der Summe relativ einfach mit dem Leben: Der Mensch wird gezeugt und ins Wasser geworfen. Immerhin nicht ins kalte Wasser, denn es ist das Fruchtwasser. Dann aber muss er schwimmen, etwas anderes bleibt ihm nicht übrig, denn sicher ist nur das Eine: »Du kommst lebend nicht mehr heraus.« Aus dem Fruchtwasser schon, nicht jedoch aus dem Leben. Die Zeugenden hatten ihren Spaß, die Gezeugten bezahlen ihn mit vielen Jahren Mühsal, Gliederreißen, Steuern zahlen. »Ein paar Sonnentage sind auch dazwischen, na, wenigstens das!«

Wie kann ein Mensch damit fertig werden? Janosch plädiert dafür, die Herausforderungen des Lebens mit Freuden auszuschmücken, denn ohne Freuden lohnt es sich nicht. Freudig zu leben, trotz allem, das ist für ihn Lebenskunst. Ja, auch T wie Tod kommt bei ihm vor. Seit alters ist der Tod für Philosophen der Ansporn, sich Gedanken über das Leben zu machen. Weil es zeitlich begrenzt ist, kommt es darauf an, innerhalb der Grenze das zu realisieren, was im Leben für wichtig gehalten wird, bevor es zu spät dafür ist. Elementar für die Lebenskunst ist dennoch nicht das Sterbenlernen, wie alte Philosophen meinten, sondern das Lebenlernen. Dabei ist Janosch mit seinem Wörterbuch der Lebenskunst behilflich. Nicht durch Vorgaben, wie das Leben gesehen werden muss. Sondern durch Anregungen für das eigene Denken.

Wilhelm Schmid

Über Janosch

Als Horst Eckert 1931 in Zaborze (Polen) geboren, zog es Janosch nach Paris und München. Seit 1980 lebt er in Spanien, wo er in der Hängematte liegend die Sonne genießt. Er ist einer der erfolgreichsten und bekanntesten deutschen Kinderbuchautoren und wurde mehrfach ausgezeichnet, u. a. mit dem französischen und dem deutschen Kinder- und Jugendbuchpreis. Viele seiner Bücher erschienen in mehreren Sprachen und wurden millionenfach verkauft. Seit 2021 mischt sich Janosch mit *Wondrak für alle Lebenslagen* unter die Klassiker von Reclams Universal-Bibliothek.

Weitere Janosch-Titel im Reclam Verlag

Wondraks Notizbuch
ISBN 978-3-15-095002-9

zum Lesen, Vorlesen und Träumen:

Wondrak für alle Lebenslagen
ISBN 978-3-15-014176-2

Morgen kommt der Weihnachtsbär

ISBN 978-3-15-014312-4

Ich liebe eine Tigerente

ISBN 978-3-15-014320-9

Ich liebe eine Tigerente

ISBN 978-3-15-014320-9